인생은 행복을 찾아 길 떠나는 나그네

동 봉 시집

도서출판 엠애드

인생은 행복을 찾아 길 떠나는 나그네_목차

4 마음과몸

축시

홍천사에 가면

이규복 시인

홍천사에 가면
큰스님이 계신다
홍천사에 가면
동봉스님이 계신다.

홍천사에 가면 난 부처님이 되고
부처님은 내가 된다네
홍천사에 가면 난 조령산이 되고
조령산은 내가 된다네

홍천사에 가면
천사를 닮은 애기 보살님이 계신다
용궁전에 갓 헤엄치다 나온 듯한
인어 같은 보살님이 계신다.

홍천사에 가면
삼라만상이 행복의 강이 되어 흐른다
큰스님께서 행복의 옹달샘을
지니고 계시기 때문이다.

오늘도 홍천사 대웅전에 동봉스님이
합장하시면 난 조령산 실록이 되어
스님의 큰 강줄기에 텀벙……
내 몸을 던진다.

축시

동봉스님 頌

신라 천년의 숨결로
구비치는 낙동강 거슬러
조령산 마패봉 넘어
바릿대 하나 짚고
오신 무해인無海人 동봉 큰스님,
선덕여왕께서도 기뻐하실
흥천사 천복궁에 이르러
온갖 풀들과 나무, 짐승
미물들과 물소리까지
염불소리로 사랑하시어
그 기운 전세계로 뻗쳐
온누리에 무지개빛 서광 어렸네

*무해인無海人: 동봉(東奉)큰스님의 호

서지월 시인 약력

1955년, 음력 5월 5일 단오날, 출생/ 「전국교원학예술상」 문예부문에 시〈꽃잎이여〉로 大賞에 당선, 문교부장관상 수상 / 한국시인협회 중앙위원. 한민족사랑문화인협회 작가회의 공동의장 / 현대시창작 전문강좌 대구시인학교 지도시인.

1 깊은 물

깊은 물

깊은 물과
얕은 물은

그 흐름이 다르다.

바닥이 얕은 개울물은
소리를 내며 흐르지만
깊고 넓은 큰 강물은
소리를 내지 않고 흐른다.

부족한 것은 시끄럽지만
가득찬 것은 조용하듯이
어리석은 사람은
반쯤 채워진 물그릇 같고
지혜로운 사람은
가득 찬 못물과 같다.

찔레꽃 사계

흰 드레스 입으신 천사님
꽃구름 사닥다리 타고 오시는 모습
결혼식장 입장하는 착한 신부 같으니

맑고 아름다운 꽃향기
온누리에 부처님 자비로 흘러 넘쳐
천지는 훨훨 청산으로 깃을 치더이다

바람 불어 흰 옷자락 펄럭이며
작별을 고하며
이별이 아쉬워 먼 수평선 파도가
부서지면서 흰 손수건을 흔들더이다

봄 가고 여름 오듯 다시
여름 가고 가을 오면
흰 꽃잎 꽃잎들 떠나보낸
붉은 눈망울 오선지 위 악보를 그려 놓은 듯
온 산천 뭇새들 찾아들어
천상의 합창단 즐거운 노래 부르고
잎잎의 낙엽들 카퍼레드를 벌이는 듯
찬란한 오색종이 흩뿌리더이다

세상에 왔다가 돌아가는 이치

대자연의 순리라

천상에서는 소록소록 흰 눈 내리시어
허리 구부러진 백발의 노인
가시지팡이 잡고 먼 저승길
터벅터벅 정신없이 걸음 재촉하더리다

아,아,
대자대비 관세음보살님
다음 생을 기다리나이다

꽃 잎

소소소 꽃잎 떨어지는 밤
달빛 그림자에
무성한 대숲은 흔들리는데

마음으로 싸리비 들고
떨어진 꽃잎들 쓸고 쓸어보나
그림자만 쓸리고
날이 밝아 다시 쓸려 하니
안타까워 쓸지 못하네

안쓰러워 밟지도 못해 주저하자
난데없는 바람 불어와
설운 그 꽃잎들 죄다
쓸어가 버리네

2 구도의 길

구도의 길

부처님 바라보며 합장하는
나의 손에 향처럼 피어나는
새벽녘 남천내 물안개
동구 밖 미나리향기,
무시로 잊으려고 목탁소리
귓전에 올려놓으면
입술로 만져보던 어머님의 젖꼭지

백팔번뇌 물레방아처럼
내 몸속에서 돌아가면
고향친구들 깔깔웃음, 고무줄 뛰기
팔락거리던 검정치마, 검정고무신

고향산천 장부의 부귀영화
등 진채 마디마디 염주알에 맺히는
길섶 풀잎이슬,
새벽길 나서는 동녘의 해를
천지가 받들면 산천초목 나의 길

밤이면 밤마다 염불하고
해 뜨면 떠나는 이쁜 산새 한 마리
구도의 길 외로울까 울어주고
오늘도 해와 달과 별이 친구되어
장삼자락 날리며 걸어간다

애욕의 업

애욕아,
나 이제 너의 근본을 알았노라!

너는 다만,
생각으로 생긴 것이거니

내가 만일,
너를 생각하지 않는다면

너는 나에게
없는 것이니라!

산중별곡 山中別曲

흐르는 물에는 이끼 끼지 않고
돌아가는 팽이는 쓰러지지 않네
청산은 구태여 먹으로 그리지 않아도
나의 눈에는 만고의 병풍 같네.

산중의 좋은 벗은 숲속에서
반가워라 지저귀는 새들이요
흐르는 물은 돌을 때리면서
소리 내며 내 곁을 떠나가고

물속에 잠겨 목욕중인
정겨운 밝은 달이 나를 반기네.
조약돌 벗 삼아 하루 종일 노닐다가
온몸에 달빛 안고 돌아오면
대웅전 추녀 끝 풍경소리가 나를 반기네.

가을비 속으로

구름은 목화밭 같고
해와 달은 실을 뽑는 물레 같으니
허공은 사계절 이불 짜서 덮어준다

세상에서 가장 아름답고 행복한 것은
보이거나 만져지지 않는 것이거늘
단지, 마음으로 느낄 수 밖에

내 청춘 마지막 동반자 세월이여!
황혼과 더불어 사라질 때
세상은 붉게 물들 것이니
인생사 짚불 같은 것

가을비 추적추적 내려
이 마음도 가을비처럼 축 쳐져 내리는 듯
기운 빠진 어미소 마냥 힘없이
문 밖 세상을 내다보네

빗소리에 젖어 만물이 울어대고
뭇새들도 날개치며
저 산 너머로 날아가네

내 갈 곳, 구만리 장천 도솔천궁
구름 얹힌 누각에 올라가
마당이나 한 번 쓸어보면서
해와 달 어루만져 볼까

홍천사의 봄

조령산 푸른 하늘이 웃는다
신바람난 바람은 초록숨결 몰아 쉬며
산골짜기로 달음박질 치며
홍천사로 바삐 내려온다.

겨우내 눈이 내렸던 산등성이 햇빛은
흰 저고리 벗어 던지고
부처님 앞에 두 손 모아 합장한다.

모진 바람 속에서 피어난 매화꽃은
모습 보이지 않아도 어머니 손길 같다
나 어릴적 잠 못 이루며 생인손 앓던 밤에
내 곁 지켜주시던 어머니 마음 같다.

홍천사 대웅전 추녀끝
업장의 실타래 풀어내는 풍경소리
댕그랑, 댕그랑,……
중생들을 불러 모은다.

소낙비 속에서

번뇌 망상 가득한 내 머리 위에
천둥 번개 동반한 소낙비 쏟아져
빈 들판에 검은 비 하얀 비 되어
퍼붓는 그 속을, 나는 무엇인가 찾으러
마냥 걸어가고 있었네

다가 올 듯한 그 무엇
오늘도 기다리며 누가 불러도
돌아보지 않으니
차가운 바람만 소름끼치도록
내 육신 흔들고 있네

모든 것 놓쳐버린 내 삶의
시간 속 헛된 그림자들
나는 내 영혼이 삼독三毒에 빠져
머물다 간 집에서 그것이
진정한 삶이란 것을 알았을 때
소낙비는 이미 나의 심장을
꿰뚫어 버리고 말았네

비 오는 날 우산처럼
꼭 필요한 값진 남은 시간
비 온 뒤 비질한 듯 맑은 하늘처럼
힘들고 지칠 때,
한 손엔 흰 연꽃 한 송이 쥐고
하늘 한번 우러러 보고
땅 한번 내려다 보며
생각 생각하면서 부처님 길을
정처없이 가려무나

세월과 나

진주같은 아침이슬 풀잎사랑은
해가 잡아 먹고
꽃잎에 앉은 나비의 사랑은
바람이 잡아먹고
서산의 붉은 노을의 사랑은
어둠이 잡아 먹고
달빛 아래 은은한 호수의 사랑은
한 찻잔이 잡아먹네

이 모든 부질없는 사랑 버리고
이름 없는 산봉오리에 해와달 받들며
바위 하나 우뚝 솟았네

동지섣달 어느 날
세월이란 님과 약혼을 해 단둘이 살아가면서
나는 이 세상 중요한 것 호주머니에 넣으며
한 발 한 발 걸어가는데
님은 자꾸 나를 버리며 혼자 달음박질 쳤네

저 세상 갈 때 호주머니 없는 옷
이것 저것 담을 수 없고
단, 가져갈 것은 지은 복과 업

아 – 인생은 허수아비 같은 것
육신은 영혼 속에서 사랑을 찾고
세월은 그대로 계절만 바뀌는 것
오고 가는 님은 잡을 수 없네

산문

일심一心으로 가는 길

동봉스님

사철 푸른 나무가 있는가 하면, 잎이 지는 나무가 있다. 사철 푸른 나무는 푸른 나무대로 봄,여름,가을,겨울 할 것 없이 자신의 위상과 가품에 맞게 살아간다. 잎이 지는 나무는 잎을 달았다가 꽃을 피웠다가 열매를 맺었다가 결국은 잎을 떨구는데 그 또한 나름대로 한 해를 열심히 살아가는 흔적이 돋보인다.

우리가 무엇을 소유하거나 선택하거나 말을 할 때 나름대로의 장점이 있는 것을 인식하고 받아들이며 살아간다면 크게 불평불만이나 아쉬움 같은 것은 없을 것이다.
세상을 욕망으로 가득 찬 시선으로 바라보다보면, 늘 흡족하지 않으며 사철 푸른 나무와 잎이 지는 나무의 배려나 고마움도 모르고 탐욕의 늪에서 벗어나지 못한다.
뭇 나무들이 그러하듯, 자신이 처한 위치에서 본분을 망각하지 말고 깨트리지 말고 소신껏 살아가다 보면 눈에 보이지 않던 부처님 형상도 만나고 생각지 못한 기쁜 일도 생기고 기대하지 못했던 소망도 이뤄지는 것이리라

높은 가지위에 솔방울을 송송 달리게 하는 소나무가 있는가 하면, 땅위에 붙어서 열매 맺는 덤불가시나무도 있다. 자신이 이룩한 것은 높은 가지 위의 솔방울이든 땅위의 덤불의 열매이든 자신의 생명을 소중히 지켜나가며 열심히 살아온 덕분이며 그 댓가이리라.
눈높이나 욕망의 기준도 자신이 정한 것이지 정해져 있는 것이 아니다. 평지에서 강을 보는 것과 산중턱에서 강을 보는 것과 산꼭대기에서 강을 보는게 그러하다. 자신이 서 있는 위치에서 보이는 강의 풍경도 달라지며 넓게 크게 보이는 법이다.

욕망이나 바램의 기준도 다 다른 것인데 자신이 소나무가 되어 보지 않고서 자신이 덤불 가시나무가 되어 보지 않고서 세상을 읽을 수 있겠는가.
부처님의 세계도 하나이지만 자신이 닦은 업에 따라 넓게 또는 좁게, 높게 또는 낮게 보일 수 있는데 이는 늘 자신의 살아가는 삶이나 방식을 스스로 다스려 나가는데 따라 더 찬란하고 향기롭게 여겨질 것이다.
일심(一心)이라는 말이 있다. 변함없고 치우침 없는 한 마음으로 부처님 앞에 손을 모으고 눈 감고 명상한다면, 이 또한 번뇌를 벗어날 뿐만 아니라 모든 망상과 욕망의 늪에서 벗어나 환희의 세계를 만날 수 있으리라.

연꽃 만나러 간 길

고향의 향수는 천리만리까지 가고
부모님 사랑은 무덤까지 가는 것을
모든 근심걱정, 아늑하고 따뜻한
집 따위 등 뒤로 해
하늘을 지붕 삼고 산천을 벗하여
바늘 없는 낚싯대 둘러 메고
무작정 길을 나섰네

비가 오면 떨기나무 그늘 아래
천막 삼아 웅크리고
배 고프면 눈물 콧물 깡통 차고 걸식하면서
금은보화 보다 영원한 진리의 빛
일념으로 찾고 찾아 맨발로 나섰네

생사 오가는 길에 사람의 일 알 수 없고
가는 시간은 느끼지만
제 아무리 눈길 예리하고 강하다 해도
가는 세상 볼 수 없고
누구도 세월의 실체 본 사람 없듯이
순식간에 저만치 도망쳐 버리는 시간 속에
돌도 일념으로 갈고 닦으면 윤기 나듯이
부처님의 밝은 빛, 생로병사 초월하는
빛이라는 걸 알았네

미움과 시기, 질투, 욕심으로 뭉쳐진
바윗돌 하나 둘 뽑아버리고
환한 꽃나무, 탐스런 과일나무 심으면서
내 마음의 거울에 엉킨 거미줄 마저
한 올 한 올 걷어내니
낮에는 햇님이 따뜻하게 등 두드려 주고
밤에는 북두칠성님이 국자로 음식을 내려주더이다

내 가슴 부처님께서 어루만져 주고
부처님 숨결 또한, 내몸에 깃들고 나니
내가 찾은 것이 바로 이것이었네
행복이란 참다운 사람들과 나눌 줄 아는 것
세상에서 가장 아름다운 꽃은 웃음의 꽃
탐스런 열매가 행복의 열매로 갈무리 되는 것

연꽃향기 실은 따뜻한 바람이
질투하듯 불어와 내 등 떠밀더니
연꽃에 입맞춤 시키더이다

태백산 천일수행

살을 에이는 칼바람
태백산맥 줄기 문수봉과 천제단 사이
별도 달도 얼어붙어
천년고목 나뭇가지에 몸 맡기면
동 트는 새벽에야 서산으로
총총걸음 사라지는 눈밭의 향연

한 걸음도 움직일 수 없는
바닷길 같은 눈밭속에
영혼을 잠재우는 태백산 뻗어난 줄기
아지랑이처럼 피어오르는 토굴 속 천일수행
생노병사 해탈하고 입술로 번져오는
부처님의 미소

좌상하고 극락전 우러러면
극락에서 내려온 연꽃 한 송이 피어나서
생과 사는 여름날 소나기 같은 허상임을 깨달았네
부처님 자비의 손길
삼라만상 우주의 마디마디
진주알처럼 맺히는 태백산 천일수행

희디흰 눈밭은 침묵으로 짠
누에의 비단 이불 같고
태백산 천일수행은 중생구도 타종일세

지리산 천일기도

바람 결에
벼랑의 흙 무너지는 소리
소리내며 뒹구는 낙엽
나뭇가지는 천둥소리 내는 듯
없는 머리카락 뾰죽 서고
등에는 땀방울 맺혔네

마음은 펄펄 끓는 용광로
번뇌와 망상 삽시간에 사라져
깊은 밤 눈을 뜨니
만 생각의 꽃 둥둥 떠가더니
하나의 별빛으로 밤하늘
수를 놓네

그리움

앞산 비둘기
누구를 기다리는지 구슬프게
구구구 울어대던 날
저 먼 산 흰구름은
그리운 어머니 모습

보고 싶다고 보슬비
보슬보슬 내려
처마 끝 빗물이 똑똑
노크하며 떨어지는 것은
그리움에 북받친
멀리 떠난 님의 소식

산비탈 곳곳에
이마 맞대고 깔깔거리며
피어난 새하얀 찔레꽃
양지짝 담장 밑에
소꿉놀이 하며 떠들던
어릴 적 여자 친구의 얼굴

천일기도 회향

태백산 천지단에서 천일기도 후 회향하면서

천상의 아름다운 음율소리 들리더니
나의 양쪽 어깨에 극락조가
훨훨 꽃잎 내리듯 사푼히 앉고
오른손엔 옥장주 잡고
왼손엔 옥피리 쥐고 있었네

호랑이가 나를 무등 태워
용맹한 무사처럼 바람 가르며
사바세계로 달리고 달렸네

인연 따라 가는 곳마다
웃음의 꽃들 피어나고
옥피리 울려 퍼지는 소리에
세상이 환해지더니 나무마다
행복의 열매 주렁주렁 매달려
새 세상이 열리는 것을 알았네

그리운 홍란꽃

종달새 신명나게 우짖어
문 열고 맨발로 밖을 나와 보니
온 산천이 환한 웃음 꽃밭이라
그 중에 제일로 눈에 띄는
우담바라 같은 홍란꽃이
초승달 같이 그린듯 고운 눈웃음 퍼내며
한 걸음 한 걸음 내디디며 다가오더이다.
동자는 늬나니 늬나나나 보리피리 불고
동녀는 닐리리 닐리리야 버들피리 불어 제끼며
온 세상은 연신 축복에 쌓였네.

하마, 상처 날세라
세상사에 오염될까봐
고이고이 방안에 들여
물이 필요하면 눈물 흘려주고
추우면 마음의 훈기 이불처럼 덮어주고
꽃 이파리 흐느적 흐느적 떨어지려 하면
행복의 입맞춤으로 정성을 다해도
방이 좁아서 안달하던 홍란꽃!

그새 꽃 향기만 내 마음에 남겨두고
쓸쓸히 떠나갔네.

둥근 달빛이 금반지 들러 끼우는 그 언저리로
떠나가는 홍란꽃 바라보며
소쩍새도 밤새도록 울어 목이 쉬었네
어느 화가가 그 홍란꽃 그려 내어도
내 마음의 홍란꽃 향기는 그려내지 못하리.

전생 금생 짧은 인연 탓하지 않고
내 생의 긴 인연으로 부처님 전에
한 마리 나비와 한 떨기 꽃으로
다시 만나 영생에 들리.

울음

태어날 때 울음은
천상계 그리워서 우는 울음이요
어릴 때 울음은
어머니의 품 못 잊어서 우는 울음이요
10세 때 울음은
투정 부리지 못해 우는 울음이요
20세 때 울음은
더 울지 못한 안타까운 울음이요
30세 때 울음은
수행을 못해 우는 한탄의 울음이고
40세 때 울음은
만중생의 업장소멸 지키지 못한 슬픔의 울음이요
50세 때 울음은
전생의 인연 따라 천상계 못 가서 서글퍼 우는 울음
60세 때 울음은
매일매일 수행 부족해 안타까운 울음이요
70세 때 울음은
사바세계 해 놓은 일 없어 저승 가려하니
후회가 붇받쳐 우는 울음이다

홍시

산은 안개를 낳고
안개는 산을 낳아
젖줄 같이 흐르는
안개가 길을 열어 수 천만리

바랑이 짊고 서방정토 떠난
맨 발바닥의 스님들
불귀의 혼 되었나

감나무는 홍시를 매달아
홍시는 감나무에 매달려
훤하게 길을 밝히네

대웅보전 부처님
법당 문 열어 젖히고
아직 돌아오지 않는 스님들
기다리며
나무아미타불 나무아미타불…
염불 외는데

감나무의 홍시는 사리되어
온 세상 환하게
불 밝히고 있네

3 당신의 모습

당신의 모습

허허로운 백사장
누군가 쌓아 놓은 모래성은
파도가 몰려와 무너뜨리는 것 보면
당신의 변덕스런 마음같고

갯바위에 몰아쳐 와
격렬하게 부서지는 파도를 보면
당신의 성난 표정 같고

그 파도 부서져
산산조각난 물거품을 보면
당신의 얼룩진 인생 보는 것 같고

평온한 호숫가 물결위에
근심걱정 없이 노니는
한 마리 백조를 보면
진실된 인생 살아가는
당신의 모습 같다.

제현사 찻자리

제현사 찻자리 시연에 올리는 時

하늘에서 玉水가
무지개 사닥다리 타고 내려와
폭포수처럼 땅을 울리면
천지만물은 생기 되찾아
웃고 떠들고 손뼉치고……

낱낱의 때묻지 않은
꽃잎들 따모아
정교한 찻 탕관에 넣어 끓이면
그 향기 말(馬)을 달리듯
천리를 가고

찻잔에 희노애락 사연 담아
시 한 首 읊어 올리면
천사의 맑은 바람 불어와
웃는 얼굴로 대답하고

나에게 전해주는 이 차 한 잔이
어머니 젖줄 같은 끈끈한 情 느끼게 하나니

오늘, 제현사 찻자리
시연장에 모인
옥같은 천사님들 공덕
세상천지에 비길데 없어라

홍천사 풍경

봄의 미소가 천복궁 앞뜰에 물결처럼 번지면
연분홍치마 단장하고 봄바람과
손잡고 탑돌이하는 진달래꽃
소원성취 갈망하는 홍천사 보살님 닮았네.

말없이 웃으시는 부처님의 미소가
조령산자락 파도처럼 밀려오면
흰 옷 갈아입고 옹기종기 모인 목련꽃
백팔번뇌 잊으려는 홍천사 처사님 닮았네.

샛노란 개나리꽃은
염불 외는 병아리 동자승 입술 같고
배꽃의 흰 속살은 마치 득도한 여승의 모습
흰 눈 속에 피어난 매화는
중생들 언 가슴 녹여주는 동봉의 가슴 닮았네.

번지는 평화, 온화한 사랑

세계다문화축제 헌시

한 방울의 이슬과
우짖는 새의 심장으로
돋아나는 잎새 언저리
고요한 정적으로 마음 속에
꽃이 피어난다

누군가 멀리서 보내 온
향기로운 바람의 사연
살냄새 풍기며 다가온다

한 잔의 찻잔 속에
어리는 맑은 하늘과 구름
누가 보내온 마음의 선물인가

두 손으로 고이 받들면
오대양 육대주 전세계 인류의
한마음된 정성으로
꽃들이 속삭인다

당신의 맑은 미소 속에 평화
당신의 따뜻한 손길 속에
느껴지는 온화한 사랑

한 방울의 이슬이 모여
수많은 이슬의 마음 되고
우짖는 새의 심장으로
돋아나는 수많은 잎새들
고요한 정적으로
마음 속 붉은 꽃들이
화들짝 피어난다

인연의 꽃

첫 만남의 인연은
겨울잠에서 갓 태어난 매화꽃 같고
벌떼처럼 와 닿는 인연은
바람에 몸 맡기는 분분한 벚꽃 같고
잠시 왔다가 가는 인연은
정갈하며 욕심 없는 목련꽃 같고
구업 짓고 떠나는 인연은
서산의 지는 해 바라보는 달맞이꽃 같고
잠시 왔다가는 짧은 인연은
묘지 위의 처량한 할미꽃 같으니
나를 낳아 길러주신 부모님 마음 생각하면
멀리에서도 알아주는 천리향꽃 같고
수행 잘 하는 불자보면
오염되지 않은 청결한 연꽃 같고
출가해서 수행정진 잘 하는 스님 보면
아아, 우담바라 꽃 같네.

선禪의 묵향

붓을 들었을 때는
부처님 생각하고

화선지에 그림을 담았을 때는
부처님 법 생각하고

먹물 묻은 붓 씻을 때는
나의 업과 만중생의 업
씻고 씻는구나

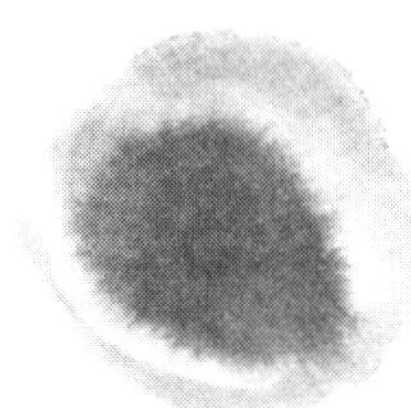

禪의 향연

유유히 흐르는 황하강처럼
부처님 더 넓은 정신세계는 영원하도다

무공無空으로 펼쳐진 만주벌판처럼
부처님 내딛는 발자국은 끝이 없어라

국경을 초월한 끝없는 닦음의 마음에
부처님은 꽃을 들고 빙긋이 미소 짓나니

거침없는 백두산 폭포수처럼
천년만년 번어나갈 부처님 향기여!

光明花 깡통

오늘도 도깨비 깡통 매고
다람쥐처럼 재주부리는 광명화光明花

나쁜 모습 모두 버리고
이쁜 모습만 찾아서
담는 도깨비 깡통

모든 것 담는 그 마음
호박꽃처럼 넓게 벌과 나비
그 어느 것이나 다 안으시고

내 괴로움 슬픔들 던지고
밝은 웃음과 병들어 죽어가도
젊음을 담아주는 도깨비 깡통

세월은 흘러가도
그 깡통 속에서 나온
내게 젊음을 안겨주는
재주 많은 반달곰 같은
광명화光明花의 도깨비 깡통

▸ 여기서 도깨비깡통은 광명화보살이 메고 다니며
촬영하는 카메라를 말함

내 모습

술주정뱅이 볼 때는
나의 수행 모자라는 모습 같고

동냥거지 볼 때는
불쌍한 내 모습 다름없고

장애자 볼 때는
안타가운 내 모습 그대로이고

쓸데없는 구업 소리는
나의 업장 두터운 행동 같고

회오리바람 부는 소리는
만중생의 업장 소멸하는 소리 같으니

아아,
천지만물의 웃음꽃들은
극락세계를 향해 피었구나!

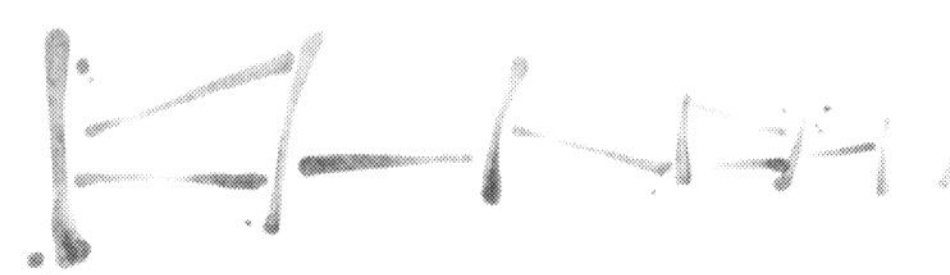

기도하는 마음

꽃이 피어나면 열매 맺듯이
기도를 시작했으면 끝을 맺어야 하는 법
중도에서 쉬거나 그만두면
꽃이 열매 맺기 전 바람 불어
떨어져 시들어 버리는 것과 같으니

지혜로운 사람은
자연의 섭리와 이법을 잘 알아
따르고 수행하기 때문에
바다에 강물이 끊임없이 모여들 듯
지치지 않고 그 길을 가고 또 가느니

패망의 길

번영하는 길도 알기 쉽지만
패망의 길도 알기 쉽나니

부처님 법 좋아하는 것은
번영하는 길이요
부처님 법 헐뜯는 것은
패망의 길이니라

나쁜 친구 가까이 하고
좋은 친구 멀리하면
선한 사람과 원한 맺는 것
또한 패망의 길이니라

부모형제 욕설하며
수행자 헐뜯고 비방하며
공경하지 않는 것
그 또한 패망의 길이니라

침묵과 불길

어리석은 사람은
지혜로운 사람 이기고자
거친 말 악담 마구 퍼붓지만
진실로 이기려는 사람은
많은 말 보다는 차라리 침묵을 지키나니
참는 마음은 분한 마음을 이길 수 있고
선행은 악행을 이길 수 있느니라

분한 마음 안고 있는 사람이여!
그대 마음 속 고통과 괴로움 나는 아느니
불길 같은 마음에 사로잡힌 사람이여!
표주박에 기름 담아 활활 타오르는
거친 불길 언제 끄려 하느뇨?

꿈실은 보름달만큼만

아카시아 꽃향기 너머로
넝쿨장미 꽃망울 뾰죽이 얼굴 내밀고
5월의 해맑은 아침 햇살은
나를 청산으로 불러낸다

눈 떠도 행복한 님과
고통으로 가득찬 당신의 얼굴 떠오르고
눈 감아도 행복한 님과
고통으로 일그러진 당신의 얼굴 보이고

이왕에 살아가는 것
님과 당신을 나누면서
더도 말고 덜도 말고 살아갈 것

어젯밤 하늘에 두둥실 떠 있던
꿈 실은 보름달 만큼만
걱정 덜며 살았으면 좋겠네요

대자연의 노래

넓은 세상은 나비와 벌, 뭇꽃들로 가득해
대자연은 풍요롭고
산천은 자꾸 나를 불러
마음의 푸르름 덜어주려 하나
내 마음에는 꽃은 있으나
나비와 벌은 보이질 않네

벌과 나비, 뭇꽃들은
당신을 사랑하면서
당신과 함께 아픔과 고통
행복과 기쁨
가슴 속 깊이 느끼겠지요

악한 꽃도 있고 선한 꽃도 있다
악한 꽃은 쓰디쓴 열매
괴로운 눈물바다 같고
선한 꽃은 달디단 열매
티없는 맑은 하늘 같다

방 생

시장 어물전 물고기들은
무슨 업보 지어 차례대로 누워서
저승길 재촉하는가

나, 오늘은 무슨 인연으로
꽃다운 보살님 손길에 이끌려
울산 태화강 선바위로 왔는가

배는 불룩하여 작은 자식 잉태한 채
등에는 큰 자식 하나 업고
어미는 육신을 태워 촛불 밝히듯
미륵부처님 되어 우뚝 솟았네

어미바위 뒤 자식바위에
머리에 쓴 밀짚모자 벗어 씌어주니
대웅전 따로 없네

치렁치렁 감긴 칡넝쿨에 달린 잎들은
업보를 떨쳐 내는 듯 만국기처럼 펄럭이고
보랏빛 등불 밝힌 칡꽃은
하염없이 종소리 퍼내고 있네

어디선가 극락세계 부처님
염불소리 들려오고
고사리같은 손들
저승길 노자돈 뿌려주듯
방생을 하니
용당수 푸른 물속에서는 수만 송이의
금빛 빛깔의 꽃이 피어나네

재 물財物

나의 재물은
없어서는 안 되는 산소 같고
태어남의 재물은
여름날 휘날리는 큰 숲의
나뭇잎 같네

세월이 지나 산중의
가을 단풍잎처럼 허망하게
나의 재물은 물들고
못 다 가져가는 내 심정은
떨어지는 낙엽 같네

떨어지는 낙엽 쓸어서
불에 태우면
순간 육신은 따뜻하나
불씨는 사라져 버리듯
내 육신 그와 같이
싸늘하게 식어질 것이네

첫사랑의 길

사랑이 있는 곳에 행복이 향기로운
사과나무의 붉은 열매처럼 주렁주렁 달리고
사랑이 없는 곳엔 북두성도 자리 감춘 채
칠흙 같은 암벽 가로막아 나 홀로
길 없는 벌판을 헤메이게 한다

부모자식간 사랑의 정은
천길 땅속 지옥도 무너뜨리고
남녀간 사랑의 정이란
죽은 나뭇가지에도 잎 틔우고 꽃을 피운다

정성이 있는 곳에 지혜의 이슬방울이
풀잎 끝에 대롱대롱 매달리고
희망이 있는 곳에 영 너머
오리나무 위 산새들이 길 열어가는데

갈 길 없는 첫사랑의 길은
주막에 고삐 잡힌 나귀의 슬픈 울음소리처럼
멈춰서서 오고가도 못해

그 상처의 꽃
심해의 고요한 산호초 속에
꼭꼭 숨겨두고 살리

4 마음과 몸

마음과 몸

나는 당신을 무어라 부를까요
당신은 나를 무어라 부를리요

나는 당신에게 무엇을 주어야 하나요
당신은 나에게 무엇을 줄 수 있나요

당신과 나는 가꾸어 놓은 꽃 밭에
얼마나 즐거운 꽃씨를 뿌렸나요

이 좋은 세상에, 얼마나 아끼며
웃음의 꽃 서로서로 주고 받았나요

당신과 나는 행복을 찾아서
저 세상 끝까지 갈 수 있겠나요

둘이서 정답게 가는 길
해님 머리에 이고
달님 가슴에 안고

은하계 축복의 별빛 흘러내리는 곳에
손 잡고 갈 수 있겠나요

거기 북두성 빛나는 별 되어
영원히 이 세상 굽어 볼 수 있겠나요

수옥정 폭포

천상에서 내려온 수옥정 폭포는
무상으로 내려준 부처님 자비의 마음
조령산 마패봉이 가슴에 품었다가
바위 젖병에 고이 담아
산천초목 푸른 실핏줄로 내보낸다

하나는 외로워 둘이 된 산과 바위는
스스로운 마음 서로 달래고
둘은 쓸쓸해 셋,
산과 바위 안은 폭포는
흥천사 천복궁 비로자나불 향해
쉴 새 없이 합장하며 염불하는 목탁소리

신록의 속살 내비치는 폭포의 가슴에
파란 하늘이 실비단 옷 입히고
흥천사 앞뜰 포대화상은
쉼 없는 부처님 사랑 닮은 자비의 모습

진달래 꽃

누가 심어 놓았을까
절벽 위에 진달래꽃 붉게 피어
눈 시리도록 바라보는 봄날,
입 벌리고 있는 꽃봉오리 사이로
벌 나비 다투어 날아드네

그 위에 독야청청 소나무 한 그루
그들 품어안고 비바람 가려주네

하늘에서는 극락문 열고
신선이 내려다 보시고
선녀들 작은 꽃구름 큰 꽃구름 타고
다투어 내려오네

돌아가는 팽이는 쓰러지지 않고 흐르는 물에는 이끼가 끼지 않는다.

아, 보아라
돌아가는 팽이는 쓰러지지 않고
흐르는 물에는 이끼가 끼지 않는다

저 산정의 소나무가
사철 푸르른 것도 쉴 새 없이
바람이 불어 푸르고

수 천리 달려온 강물이
바다에 이르러 더욱 파아랗듯
푸른 하늘의 입맞춤이
게으르지 않았기에 파아란 것을

아, 보아라 보아라
숲속의 새소리가 티끌 없이 청아한 것 또한
날마다 부지런히 목청 뽑아 노래했기 때문이며

끝없는 사막을 몇날 며칠
물 한 모금 먹지 않고
터벅터벅 걸어가는 낙타의 발걸음 또한
자신의 일처럼 열심히 걸었기에
조금도 흐트러짐 없는 것을

아,아,
편히 쉬고 쉽게 이루어지는 것이 어디 있는가
날마다 해가 뜨고 지고 또 떠오르듯이
밤마다 달이 뜨고 지고 또 떠오르듯이

보아라, 보아라
온 하늘이 푸르고
온 들판이 푸르고
온 세상이 푸르른 것 또한
돌아가는 팽이와 같은 것
흐르는 물과 같은 것이기 때문이리라

행복의 열매를 찾아 길 떠나는 나그네

행복의 열매는 어디에 있는가
어디에 가면 행복의 열매 주렁주렁 달려 있는가
행복은 마음 안에 있거늘
마음 안에 심어 놓은 꽃나무
무성한 가지마다 주렁주렁 매달려 있는 것을!

그 마음안 행복의 열매 찾기 위해
우리는 길을 가는 것이다
터벅터벅 몇날을 걸어도
닿지 않는 끝없는 사막을
뻐꾹새 소리 공초으로 들으며
쉬임없이 걸어가는 것이다

아, 무겁지 않은 하나인 해를
머리에 이고
까마귀 날으는 길을
누가 부르지도 않는 길을
누가 오라 하지 않는 길을
가고 있는 것이다

손 잡아 주는 이 없어도
가야 하는 길, 쓸쓸한 길
가다 보면 등 두드려 주는
얼굴 없는 바람도 만나고
동무 해 주는 환한 얼굴의 꽃구름도 만나고

암흑의 불 밝혀주는 별빛도 만나고
온 몸 감싸주는 달빛도 만나고

스스로의 걸음걸이로
내딛는 발자국, 그 발자국 앞에
반갑다고 미소 짓는 풀꽃도 보고
말없이 반겨주는 돌멩이도 만나고
어서 따라오라고 잠시 개울물도 만나고
벌판을 지나고 숲을 지나고 언덕 넘으면
또 만나는, 가도가도 끝없는 사막의 길
그 길 끝에 잘 익은 포도송이
주렁주렁 매달려 향기 토하고 있는
포도넝쿨을 만나리

내 마음안에 줄기 뻗어 익어가는
알알이 포도송이를 만나리

바람 부는 길 위에서

하늘이 푸른 것은
산천초목 무성하게 자라게 해
만물의 희망을 주기 위해 푸른 것이요

산천초목이 푸른 것은
만물이 싱그럽게 노니는
보금자리의 행복을 주기 위함이요

바다가 푸른 것은
인간들의 업장을 씻어주고
감싸안아 주기 위해 푸른 것이요

부처님의 웃는 모습은
만중생의 평안과 행복을
안겨주기 위함이요

기도하는 보살님의 마음은
가족들의 업장을 닦고
소망을 이루어 나가기 위함이요

내가 바라는 마음은
캄캄한 밤길 지혜의 등불 밝혀주기 위해
바람 부는 길 위에 서 있노라

화장산 굴암사

신라시대 아름다운 전설의 실타래가
굴암사 가슴속에 물레가 되어 돌아 간다
효와 부모님 사랑의 전설 속 어린 남매
오빠의 영혼은 대나무의 대죽이 되고
누이의 영혼은 푸른 소나무가 되어
굴암사 아래 전설이 된 송대리 마을

신라시대 아름다운 전설의 화장산
소지왕의 꿈속에서 관세음보살이 현몽하여
남방의 도화를 찾아 나서니 언양의 서쪽
고헌산 남쪽 줄기 암벽에 서리는 도화이어라
도화는 없고 비구니만 있으니 비구스님의
이름이 도화라…….. 도화스님과 소지왕의
인연은 사람과 사람의 인연이 실타래라

화장산 굴암사에 세세년년 물레되어
돌아가는 임금님과 비구니의 사연이
아름다운 분홍빛 도화를 닮았구나
관세음보살이 현몽하여 날마다
중생에게 피어주는 아름다운 도화꽃
한송이를 받아들고 내고향 헌양성의
화장산 굴암사를 향해 합장 한다.

*헌양성 : 언양성의 옛말

고향은 부富나 명예, 명성을 가지고 돌아오기를 바라지 않는다.

고향!
바다의 연어는 부화하여 수십 만 킬로의 먼 바다여행을 하면서 몸집이 다 커서 자신이 태어난 고향으로 회귀하여 어미가 된 그대로 산란을 마친 뒤 고향의 강에서 죽음을 맞이한다고 한다.

말 못하는 짐승인 여우나 늑대도 죽을 때는 자신이 태어난 고향을 향해 머리를 향하고 동굴에서 죽는다고 한다.
현대를 살아가는 우리들은 어린 시절 고향을 떠나 서울로 서울로 모여 들면서 우리나라 전체인구의 3분의1이 수도권에 집중되어 경제생활을 영위해 가고 있다.

어린 시절 모두 고향을 떠나 살면서 문득문득 봄날 아지랑이처럼 피어오르는 향수를 그리워하면서, 설이나 추석 때는 민족 대이동이 시작하는 고속도로의 긴 행렬과 서울역에 모여든 고향을 향한 인파들은 바다의 연어들이 고향의 강을 향하는 모습과 너무나 흡사하다.
천리타향에서 살다가 인생의 마지막을 맞이 할 때는, 고향에 묻히고 싶어 하는 그 유언은 말 못하는 짐승들의 모습과도 너무도 닮았다.

바다의 연어나 산속 짐승도 그리워하는 고향에 대한 정은 생명의 순리요 누구나 한 줄의 식구처럼 지니며 살아가고 있는 것이다.

고향의 아름다움과 추억을 간직하고 살아가는 것 또한 태어난 어머니의 탯줄 같은 가슴 속 영혼을 지니고 있기 때문이 아닐까.

내 고향 울산광역시 울주군 언양은 예로부터 언양현으로 불리우는 서부 5개면의 중심도시였다. 동녘의 푸른 바다에서 태양이 떠오르면 햇살 커다란 소나무 사이로 아침 예불 드리러 화장산 굴암사 굴바위로 줄지어 올라간다.

산토끼들이 아침 잠에서 깨어나 세수를 하러 나오는 굴바위 밑 옹달샘과 태화강 상류지역 남천내에 흐르는 사시사철 마르지 않는 물은 내 고향 언양의 자랑이기도 하다. 남천내 건너 향교는 지성과 학식을 더해 훌륭한 인물들이 배출되는 교육의 장인 향교가 봉화산 아래 늠름하게 자리 잡고 있다.

봉화산 정상에는 옛날 선조들의 지략이 그대로 보존되어 있는 봉수대가 보존되어 있어 언양은 교통과 문화의 중심이 되었던 군사요충지라는 것을 짐작 할 수 있다. 특히, 모교인 언양초등학교는 전국에서 유일하게 성곽안에 자리를 잡고 있는 학교이기도 하다. 우리나라 불교사찰의 핵심인 양산 통도사와 국내 몇 안되는 비구니승의 도량인 석남사가 자리잡고 있는 상북면과 신라 화랑도들이 수련 연마한 반구대 유적지에는 역사적으로 매우 높게 평가되고 있는 수렵도가 유네스코에 지정된지 오래다.

영천이 고향인 포은 정몽주선생이 귀향살이 하기도 한 반구대와 언양은 역사의 사실을 고스란히 숨 쉬게 하는 충절의 고향이기도 하다. 작천정 호박수는 어린 시절 철따라 소풍을 나서는 곳이다.

화강암석으로 밑바닥이 이루어져 영남의 알프스라 불리우는 고헌산, 영취산, 신불산 산자락에서 흐르는 비단 물결 같은 맑은 물 안고 돌아 나오는 기암괴석은 가히 세계적인 명품이다.

작천정 위쪽 예로부터 효심의 전설이 전해져 내려오고 있는 자수정 동굴은 병풍처럼 펼쳐진 몇 백 개의 군상들이 극치를 이루고 있다.

이토록 아름다운 내 고향 언양을 찾을 때마다 흥분된 어린시절로 다가가는 내 마음은 폭포처럼 쏟아내는 부처님의 사랑 담고 다시 중생의 세계로 달려 나가는 힘을 얻는 고향이기도 한다.

현대를 살아가는 우리들은 마음이 바빠서 고향의 정취를 모르고 살아가는 것이 다반사다. 현대인들은 어머니 가슴 같은 고향을 잊어서는 안 된다. 고향을 사랑하는 것이 바로 나를 사랑하는 것이요, 나를 사랑하는 것이 가족과 이웃을 사랑하는 것이 아닐까

'경제적으로 성공하면 고향을 찾을 것이다' 라고 약속하고 떠난 고향 친구들이나 친지들, 그리고 고향을 떠나 타향에서 명예와 명성을 얻어 언젠가는 고향을 향해 돌아오리라는 자신과의 약속을 모두들 지니고 살아간다. 고향은 우리들을 기다릴 때는 부(富)나 명예, 명성을 가지고 돌아오기를 바라지 않는다. 현재의 주어진 삶에서 더하지도 말고 빼지도 말고 있는 그대로 지닌 채 고향을 찾아서 옛날 모습에서 어린시절 추억과 향수를 한아름 가슴에 담고 다시 주어진 현실세계로 돌아가 고향의 순수한 향수를 느끼며 살아가기를 원하고 있을 것이다.

마음에 주어진 각자의 생각에 따라 천국과 지옥이 될 수 있듯, 내 고향 언양의 향수를 지닌 채 날마다 성불

하여 극락의 세계를 마음 속에 담아가는 현대인들이 되었으면 한다.

오늘도 괴산 조령산 홍천사에서 부처님 오신 이 날에 부처님 사랑 닮은 보살님들과 처사님들의 고향 사랑하는 마음을 예불에 담아서 합장을 한다. 나무아미타불!

소유가 곧 무소유

꽃나무 잎을 달고 꽃 피워 열매를 맺기까지의 과정을 얼핏보면 절로 되는것 같고, 한 해에 다 이루는 것 같아도 수많은 세월의 노력과 인내로 그야말로 빛깔 좋은 꽃과 열매를 매다는 것입니다.

흰 구름이 떠 와서 풍경의 운치를 더 하는 것도 곰곰 생각해 보면, 바람이라는 친구가 동행해 주었기 때문일 것입니다. 뭇 새들 또한 찾아와 즐거이 노닐다 가는 것도 그 모두가 우연이 아닌 필연의 조화일 것입니다.

한 그루의 꽃 나무가 하나의 열매만을 매다는게 아닌 수천 수만 개의 열매를 다는데 그 힘 역시 땅의 은덕과 하늘의 기운으로 자신의 열매를 다는 것입니다.

벌레가 찾아들어 열매를 따먹거나 인간이 그 열매를 먹는 것 또한 꽃나무는 두려워하거나 아까워하지 않습니다. 당연히 자신이 소유한 것은 다시 내 놓아야 한다는 당연한 미덕을 가지고 있기 때문입니다.

소유가 즉 무소유가 될 때 세상은 아름답게 보이는 것이며 더불어 살아가는 미덕이 되며 세상이 평화와 행복으로 가득하게 되는 것입니다.

내 것을 남에게 주지 않을때, 타인이 내게 아무것도 주는 것 없을 때 세상은 삭막하며 불신과 불의가 판치며 인간답지 않는 사회가 되는 것입니다.

한 그루의 꽃나무가 크게 모여 수십 수천 그루의 꽃나무가 열매를 맺을 때, 전혀 자신의 것이라 생각하지 않고 모든 세상의 것이라 생각하기 때문에 해마다 반복하여 즐겁게 꽃과 열매를 매다는 것입니다.

우리가 행복의 열매를 찾아가는 끝없는 인생길은 이처럼 세상 모두를 위해 자신이 땀흘리며 살아간다면, 행복의 열매는 자신의 마음속에서 부터 탐스럽게 열리며 불평불만 없는 충만된 마음이 되는 것입니다.

어리석은 사람과 현명한 사람의 차이가 바로 소유가 무소유라는 걸 인식하지 못하는데 있습니다. 한 그루의 꽃나무의 마음을 읽을 줄 아는 사람이 행복한 사람입니다. 행복의 열매를 찾아가는 인생인 것입니다.

산문

무심無心에 대하여

마음을 비우고 명경지수 같은 자세로 세상을 살아가고 싶다는 말을 하는 사람들을 간혹 대하곤 합니다. 그만큼 몸과 마음에서 오는 갈등이 많다는 증거이겠지요.

그러나 무심이라는 말의 진정한 뜻을 잘 이해해야 합니다. 자칫하여 패배의식에 사로잡혀 세상일에서 도피하거나 방관하는 태도가 무심으로 이해되어서는 안되겠지요.

또 정의와 불의, 선과 악을 판단하지 못하고 무관심 속에서 개인주의에 빠지거나 무기력한 태도를 취하는 행위가 무심으로 이해되어도 안될 것입니다.

그래서, 부처님께서는 아무런 분별의식, 판단의식도 없이 무기력한 의식에서 빠져 활발한 창조적인 실천행을 하지 않는 상태를 무기無記라 하여 오히려 악행보다 더 경계했습니다.

억제된 감정을 유지하는 상태나 얼음장처럼 차가움, 또한 무심이라 할 수 없습니다.

예를 하나 들어 보겠습니다. 조선 제13대 명종임금 시대에 조광조라는 훌륭한 대제학이 있었습니다. 조광조는 어려서 서당에 다닐 때 가장 가까운 남곤이라는 친구가 있었습니다.

둘은 누가 공부를 더 잘하는지 모를 정도로 성적이 뛰어나고 우정도 깊었습니다.

어느 날 두 친구는 산으로 놀러갔습니다. 길에는 그들처럼 놀러가는 사람들이 많았고 예쁜 여자들도 많았습니다.

조광조는 마음을 쓰지 않으려 해도 자꾸 처녀들에게 관심이 가고 가슴이 두근거리며 정신이 아찔했습니다. 그런데 친구인 남곤은 얼굴표정 하나 변하지 않고 의연하기만 했습니다.

심한 부끄러움을 느낀 조광조는 돌아와서 어머니께 자신이 수양이 덜 되었다고 고백하면서 여자 앞에서 얼음장처럼 차가울 수 있는 남곤을 부러워했던 것입니다.

그러나 조광조의 어머니는 그 말을 듣고 "광조야, 들어 보아라. 젊은 사람은 젊은 사람답게 살아야 하느니라. 이쁜 처녀가 있는데 젊은이의 심정이 어찌 잠잠하겠느냐? 아무런 감정이 없다는 것은 목석이 아니겠느냐. 네가 처녀들에게 한눈 판 것은 나무라지 않는다. 그건 다 철이 들면 분별할 때가 절로 오느니라. 나는 오늘밤에 이사를 해야겠구나. 너 때문에 이사를 하려는 것이 아니라 목석 같은 남곤과 사귀지 않도록 하려는 것이다." 조광조는 어머니의 깊은 속뜻을 알 수 없었습니다. 그러자 다시 어머니는 "남곤은 젊은이의 피가 끓지 않는 냉한 사람이라는 걸 이제야 알겠구나. 겉으로 보면 수양이 되어있어 보이지만 속으로 그도 처녀들에게 마음이 쏠렸을 것이다. 그것을 참는다는 것이 네같은 나이에는 어려운 일이다. 그런데 남곤은 한눈 하나 팔지 않는다니 얼마나 모진 사람이냐? 먼훗날 남곤이 정치를 한다면 인정사정 없는 무서운 정치를 할 것이다. 사람의 약한정, 미운정을 헤아리지 않는 판단을 내릴 것을 저지를 수도 있는데 그럴 때 윗사람은 너그러움이 있어야 하느니라. 죄 지은 사람일지라도 다음에 잘 하라고 용서할 수도 있는 것이지. 그런데 남곤은 그런 아량이 적어서 많은 사람을 피 흘리게 할 것이다. 그래서 그런 사람과 사귀지 않게 하기 위하여 이사를 하려는 것이니라."

조광조는 어머니의 판단에 놀랐습니다. 훗날 조광조는 나라의 대신이 되어 바른 정치를 펴 나갔습니다. 그런데 불행하게도 간신들의 모함을 받아 큰 뜻을 다 펴지도 못하고 서른네살이라는 아까운 나이에 죽었습니다.

이때 조광조를 헤친 사람이 바로 남곤이었던 것입니다.

바로 남곤과 같이 자신의 감정을 숨기고 집요한 권력과 명예를 추구하는 사람을 무심으로 사는 사람이라 할 수 없을 것입니다.

그것은 위장된 무심이며 그 깊은 내면에는 오히려 무엇에 강하게 집착하는 산란스러운 마음이니 무심이라 할 수 없을 것입니다.

그렇다면 어떤 상태를 무심이라 할 수 있을까요. 어떤 대상과 어떤 일에도 마음과 몸이 집착하는 일 없는 평온하고 자유로운 경지를 말합니다.

그래서, 금강경 장엄정토문 제10장에서 부처님께서는 '응무소주 이생기심이라 말씀하셨습니다.
즉 무엇에 얽매이거나 집착하는 바 없이 마음을 자유롭고 창조적으로 쓰라는 뜻입니다.

무심은 무관심, 냉정, 거짓된 초월이 아니라 집착없는 마음의 평온한 경지입니다. 또한 무심은 모든 것이 영원하지 않고 끝없이 변하고 창조된다는 이치를 알아 집착하는 마음, 불안한 마음이 사라질 때 얻어지는 것입니다.

불자들이라면 이렇듯 무심을 잘이해하여 무심의 마음가짐으로 적극적인 선행을 베푸는 삶을 살아가야 할 것입니다.

"앉아 있다고 해서 좌선이 될 수 없다. 삼계에 있으면서도 몸과 마음이 움직이지 않는 것을 좌선이라 한다. 번뇌를 끊지 않고 열반에 드는 것을 좌선이라 한다."

-유마경에서-

이처럼 무심은 자신을 다스리는데 큰 덕목이 됩니다.

부모와 자식, 그리고

스승이 잘 되면 제자 역시 절로 잘 되는 것은 두말할 나위 없다. 그런데 제자가 자신만 잘 되려고 몸부림치다 보면 오래가지 못하고 작파하고 만다. 부모 역시 잘 되면 그 자식들도 자랑스럽고 자식이 잘 되면 부모가 자랑스럽듯이 제자가 잘 되면 스승 역시 자랑스럽다.

잘 알면서도 눈앞이 어두워 망각하는 경우가 있는데 우리가 처한 사회 역시 개인영달만 바라보기 때문에 일어나는 현상이라 할 수 있다.

부모로서의 사명감도 막중하다. 부모가 스승을 찾아가서 제 자식을 더 잘 가르쳐주시고 더 때려달라고 해야 그 자식이 바로 성장하는데도 불구하고, 스승이 제 자식을 때린다고 항의하고 삿대질까지 서슴치 않으면 그걸 본 자식은 절대 올바르게 성장할 리가 없다는 것을 깊이 인식해야 한다.

제 자식의 집장에서 두둔하고 보호하는 게 오히려 사랑

의 결핍을 초래함을 알아야 하는 것이다.
한편, 부모는 평생을 두고 담쟁이 넝쿨처럼 자식을 껴안아주고 눈에 넣어도 아프지 않는데, 요즘 자식들은 부모에게 얼마나 효도와 정성을 다하는지 새겨볼 일이다.

특히, 객지에서 성장해 온 자식을 보면 부모는 반가워 눈물 흘리고 헤어지면 또 서러운 눈물을 흘리는데 자식은 늙어가는 부모를 보며 눈물을 흘려보았으면 진정한 손 내밀어 늙으신 부모의 손을 잡아주어 보았던가.

부모는 자식이 어릴 때, 울고 하면 배가 고파 우는지 아파서 우는지 금방 알아차려 달래주었는데 부모가 늙어 투정부리고 짜증낸다고 하여 자식은 부모에게 제대로 봉양을 해 보았는가.

죽음의 길 들어설 때까지도 부모는 자식이 더 잘 되었으면 하고 간절한 마음으로 눈을 감는데, 자식들은 영정 앞에서나 무덤에 흙이 마르기도 전에 재산 다툼이나 하고 더 많이 가지려고 하지 않는지 생각해 볼 일이다.

부모를 이승에서 저승으로 보내고 난 뒤, 묘지에 꽃을 놓고 불러봐야 이미 떠난 부모는 말이 없음을 아는가. 나뭇가지 위의 산새들도 목 놓아 울어도 한번

가신 부모는 영영 돌아올 줄 모름을 알아야 한다. 저승에 가서도 부모를 행복하게 해드리려면 살아있는 자식들이 우애 있고 서로 나누어가지는 미덕을 보여야한다. "콩 한 알도 열 명이 나누어 먹는다."는 속담을 옛것으로 치부하면 안 된다. 그게 형제간 우애 있게 살아가는 교훈임을 어쩌랴.

부모나 형제에는 멀리하면서 사회에 나가서 남들에게 잘 하는 척하며 출세해 보려는 이들이 많은데 근본이 잘못되었는데 무슨 큰 출세를 해 이름 남기겠는가.

제자는 스승을 하늘처럼 떠받들고 자식은 부모 역시 하늘처럼 받들어 모시는 정신무장이 되어 있어야 제 자식이 더 잘 됨을 알아야 한다.

지금 우리 사회는 스승과 제자, 부모와 자식 간에 균열이 일어나고 있음을 자주 목격하게 되는데, 이는 스승을 무시하거나 부모를 외면하기 때문에 일어나는 현상인데, 스승과 부모를 떠나 제자와 자식은 어느 사회에서나 환영받지 못한다. 자식은 또 자식을 낳아 기르며 살아가는데 제 자식이 잘 되려면 그 만큼 복을 많이 짓고 남들에게도 베품이 있어야 한다.

정치인들도 보면 당당하지 못한 정치인들이 대부분인데, 자식을 군대에 보내지 않는다거나 자식을 해외에 보내놓고 불법자금을 송금한다든지 이 모두가 자식을 그릇되게 키우는 일임을 알아야한다.
제 자식이 중요하면 남의 자식도 중요함을 알아야한다.
그게 사회평등이며 인류평화를 지향하는 길인 것이다.

부모를 잘 봉양하며 자식도 올바르게 남들과 같이 공평하게 키워야 진정한 사회인으로 발돋움하게 되는 것이다.

茶香의 女人

사)국제 茶문화 교류 협력재단 위원회 위원장
및 청백 다례원 배근희 원장님께

靑山이 뻐꾸기를 불러와
너울너울 깃을 치듯
흰구름 흘러와 靑솔가지 위에 노닐 듯
萬古靑山 같은 분이시여.

玉쟁반 위에
향기로운 과일이 놓여
그 자태 뿜어내듯
고요까지 찾아와 품위를 더하듯
玉버선 같은 분이시여.

퍼내어도 퍼내어도
목마르지 않는 샘물
물바가지 안에 어른어른 어리는
숨 쉬는 물의 티 없는 맑음
그대로 지니신 분이시여.

수레가 來世의 짐을 싣고
하염없이 앞을 향해 길을 가듯
굽어진 길을 돌자갈 길
질경이풀 다북쑥 깔린 길
그 모두 다스리며 쉬임 없이
茶香과 벗하여 살아가시는 분이시여.

총무원장 동봉선사를 찬讚함

석가모니 달마 혜능 보우국사
빛나는 그 맥 이어온 일붕존자
이에 동봉선사 감응하여 펼쳐낸
하늘과 땅, 삼라만상 그린 묵향전
그대로 화엄세계로다

천지의 악마 잡귀 사라지고
묵행 속에 해와 달, 별들이
새 세상 열어 천지만물 춤을 추니
아, 홍천사 동봉선사 묵향이 으뜸이로다

(불기 2546년 9월3일)

한국불교태고학회 회장 徐無空

【태횟강】정신 바짝 차려야 한다

깊은 산골에 사는 산토끼들이 새벽마다 평화로운 옹달샘에 세수하러 다니다가 어느날 갑자기 동료 산토끼의 시신을 발견하고 공포에 떨기 시작했다. 산토끼들은 즉시 반상회를 열어 밤새 돌아 가면서 보초를 서도록 했다. 그리고 동료를 죽게 한 원인은 이웃동네 나쁜 여우라는 것을 알게 되었다. 산토끼들은 곧바로 산중호걸인 호랑이를 찾아가 여우를 물리칠 수 있는 비법을 가르쳐 달라고 했다. 이에 호랑이는 이렇게 대답했다. "나처럼 한 번 울면 산천초목이 떨고 앞다리를 휘두르면 단번에 쓰러지는 힘과 날쌘 발톱을 가지면 된다. 그러니 정신 바짝 차리고 살아라"

이후 토끼들은 밤새 자신과 가족, 이웃들을 보호하기 위해 두 눈을 부릅뜨고 보초를 섰다. 그러다 보니 눈은 벌겋게 충혈돼 빨간 눈동자로 변했다. 또 밤낮을 가리지 않고 적의 공격을 탐지하다 보니 길다랗고 쫑긋 선 두 귀를 가지게 되었고, 적의 공격을 피해 언덕 위로 도망가기 위해서는 길고 튼튼한 뒷다리가 발달하게 됐다.

어린시절 우리들은 이솝 우화를 교훈으로 들어 왔다. 우리들이 살아가는 이 지구촌은 이솝 우화에서 들려주는 동물의 나라와 전혀 다를 바가 없다. 지난 12일 한국의 배타적 경제수역 내에서 불법조업을 감시하던 우리 해양경찰이 중국 어선 선장이 휘두른 흉기에 순직한 사고는 더 이상 묵과할 수 없는 심각한 사안이다. 과연 대한민국이 미국과 같이 힘이 센 국가였다면 중국 어선들이 불법어로를 감행했겠으며, 공식적인 사과를 하지 않았겠는가? 약소국가가 가지는 슬픈 현실이다. 말로만 천 번, 만 번 사과하라고 고함 질러도 허공의 메아리일 뿐이다.

이 뿐이 아니다. 이웃 일본을 보라. 서울의 주한 일본대사관 앞에 세워진 일본군 위안부 할머니들의 위령비인 평화비를 철거해 줄 것을 줄곧 요청해오고 있다. 일제 강점기 위안부 동원에 대해 일본 정부의 사죄와 책임 이행을 촉구하는 수요집회가 지난 14일로 1000회를 맞았다. 이어 15일에는 한국의 두 위안부 할머니가 미국 뉴저지주 팰리세이즈팍 도서관 앞에 세워진 위안부 기림비를 공식참배했다. 지난해 11월 한인유권자센터가 건립한 이 기림비에 대해서도 과연 일본이 미국을 향해 철거하라고 요구할 수 있겠는가.

정신 바짝 차려야 한다. 이명박 대통령이 17일 교토에서 노다 요시히코 일본 총리와 한일정상회담을 갖고 위안부 문제 해결을 강하게 촉구했지만, 노다 총리는 위안부 평화비의 철거를 요청하고 맞서면서 해결점을 찾지 못했다. 하지만 이 모든 것은 정답은 하나다. 대한민국 국민이 힘이 없고, 경제적으로 강해지지 않는다면 이 대통령도 답을 찾을 수가 없다.

대한민국의 힘과 경제적 위치는 누가 만들어 가나. 대한민국 국민 스스로의 반성과 노력 없이는 서해바다에서 또다른 해양경찰이 피습을 당할 것이고, 위안부 문제가 다시 재발되지 않을 것이라는 장담을 우리 후손들에게 하지 못한다. 북한과 군사적으로 대치하고 있는 심각한 상황인 우리의 장래는 한 치 앞을 내다 볼 수 없는 상황이다. 그런데도 무상급식, 복지 논쟁, 반값 등록금 문제, 한미 FTA(자유무역협정) 비준 무효 집회, 국회에서의 폭력 등의 행태를 보면 한심하기 짝이 없다.

어린시절 할머니 할아버지께서 들려주신 노랫말이 생각난다. “소련사람에게 속지 말고, 중국인에게 이윤을 계산하지 말고, 미국인을 믿지 말고, 일본인 다시 일어 난다. 정신 바짝 차려라! 우리나라 사람들아!” 세계 열강국가 사이에서 살아 남기 위해 몸부림친 선조들의 지혜가 담긴 노랫말이다.

우리나라는 이제 토끼 같은 약소국가에서 경제대국으로 하나 둘 모습을 갖추며 발돋움하고 있다. 산토끼들의 지혜로운 반상회를 서로가 가져야 할 때다. 정신 바짝 차려야 한다. 다가오는 임진년은 깊은 물속에서 여의주를 물고 하늘로 승천하는 흑룡의 해이다. 60년만에 오는 흑룡의 힘과 기상이 울산의 앞바다 동해에서 용틀임하고 있다.

동봉스님 홍천사 주지 · 일붕신문 사장

(그 옛날 울산토박이들은 태화강을 '태홧강' 이라고 발음합니다. 맑고 아름다웠던 그 '태홧강' 은 울산사람들에게 마음의 고향입니다. 칼럼 '태홧강' 은 울산을 떠나 다른 도시에 살면서도 가슴 한 켠에 울산을 품고 사는 사람들의 목소리를 담고 있습니다.)

출처: 경상일보 박익조기자

【태홧강】 신라 화랑들의 기상과 울산

인도의 시성 타고르는 아름다운 한국을 예찬하며 시로 표현했다. '아름다운 동방에 황금빛이 빛나던 나라! 지금은 등불이 꺼져 있지만, 그 등불이 켜지는 날 아시아는 밝아 오고, 전 세계가 빛이 날지니 그 이름 영원한 코리아이니라!'

동방은 해가 뜨는 곳이고, 해가 뜨는 곳은 하루의 시작을 알리는 곳이며, 시작은 끝을 마무리하는 출발점이다. 시작과 끝은 마치 상반된 의미로 쓰고 있지만, 불가에서는 반야심경에 있는 부처님 말씀으로 유형의 만물인 색즉시공은 모두 인연의 소생으로 그 본성이 공이라는 뜻이다. 다시 말하면 시작과 끝이 한 공간에서 공존하고 같은 시간의 인연으로 본성이 함께 존재하는 것이므로 시작과 끝은 모두 해가 뜬 동쪽에서 태양과 함께 시의 공간 개념으로 보아야 한다.

그렇다면 울산의 동해에 뜨는 태양은 울산의 시작을 알리는 자명종이고, 대한민국 하루 일과의 시작을 알리는 시간의 첫 번째 기수인 셈이다. 아시아 동방에 황금빛을 선사하는 한국의 땅 중에서도 경제적으로 가장 부유한 곳이고, 전세계의 조선산업과 자동차산업을 리드하는 울산이야말로 전세계의 등불이 되는 고장이다.

시간을 거슬러 올라가면 신라 화랑들이 지금의 경주에서 이동해 반구대와 언양 작천정을 누비며 삼국시대 민족의 기상을 심던 곳이 고향 울산이다. 신라 화랑들의 세속오계를 지니고 살아가는 후예들이 울산을 지켜 나가고 있기에 한국의 경제를 리드하며 성장할 수 있었고, 특히 정신적인 금자탑이라 할 수 있는 효성과 충절의 표본이 되는 곳이 울산이기에 항상 자랑스럽다는 생각을 품어 왔다.

세속오계의 화랑도 정신으로 정신 도량과 육체적 단련장이 된 울산은 항상 푸른 동해의 기상과 동해 바다 깊은 곳에서 하늘로 승천하는 용의 기상을 간직한 신비의 고장이다. 동해 용의 기상이 서려 있는 곳은 예로부터 큰 인물이 배출되는 명지로 알려져 왔다. 때문에 울산은 한국을 리드하고 세계를 이끌어 가는 훌륭한 인물들이 수없이 배출될 것으로 믿어 의심치 않는다. 머지않아 정치, 경제, 과학, 종교 등 각 분야에서 세계를 이끌어 갈 울산의 인재들이 용의 기상처럼 나타날 것이다.

우리 속담에 '콩심은데 콩나고 팥심은데 팥난다' 는 말이 있듯 고향 울산은 효와 충, 그리고 부지런한 영혼의 씨앗을 세세손손 심어 온 영혼의 릴레이가 펼쳐지는 곳이다. 씩씩한 동해 용의 기상을 화랑도의 세속오계처럼 물려줘야 할 우리들의 숙제도 남아있다.

그러나 우리나라 대학생들의 자살 건수가 연간 230건에 달한다는 보도를 접하고 조국의 미래를 걱정해 보기도 한다. OECD 국가 중 자살률 1위인 한국, 그 중에서도 연간 230명의 대학생들이 스스로 목숨을 버리고 있다는 현실은 안타깝다. 대학생은 신라시대 화랑에 비유되는 만큼 대학생들의 가치관 실종은 국가가 나서 바로잡아야 한다. 젊은 대학생들의 새로운 가치관을 신라 화랑도와 같은 정신으로 재무장시켜야 한다. 국가와 기성세대들이 한국 청년들의 영혼의 주소를 잃어버리게 한데 대한 응분의 책임이 있기 때문이다.

동해바다 울산에서 떠오른 붉은 용광로 같은 아침 태양을 받으며 승천하는 용의 기상을 날개에 달고서 삶을 살아가는 울산시민들의 소박한 모습들은 너무나 아름답다. 소박한 시민들이 아름다운 삶을 살아가는 울산은 대한민국과 세계의 등불이 되는 동방의 정신적 지주로 우뚝 설 것이 분명하다.

백운산 탑골샘 등에서 발원해 울주군 언양읍을 지나 울산 시가지를 가로지르는 태화강 물줄기는 울산만을 거쳐 아름다운 동해로 흘러 들어간다. 그러기에 울산은 오대양 육대주를 향해 발돋움하는 영원한 도시임에 분명하다. 오늘도 아침이면 동쪽에서 떠오르는 붉은 태양과 저녁이면 떠오르는 추월산 달을 바라보며 두 손 모아 울산의 번영을 기도한다.

동봉 스님 홍천사 주지 · 일붕신문 사장

(그 옛날 울산토박이들은 태화강을 '태홧강' 이라고 발음합니다. 맑고 아름다웠던 그 '태홧강' 은 울산사람들에게 마음의 고향입니다. 칼럼 '태홧강' 은 울산을 떠나 다른 도시에 살면서도 가슴 한 켠에 울산을 품고 사는 사람들의 목소리를 담고 있습니다.)

출처: 경상일보 박익조기자

【태홧강】'효성의 고장' 울산

이 세상에서 가장 행복한 것은 무엇이며, 가장 불행한 것은 무엇인가. 부모님이 살아 계실 때가 가장 행복하고, 부모님이 돌아가셨을 때가 가장 불행 하다.

부모는 다음과 같이 자식을 가르쳐야 한다. 우선 자식이 나쁜 짓을 하지 않고 항상 올바르게 자랄 수 있도록 훈육해야 한다. 또 매일 하루에 한 가지씩 착한 일을 함으로써 본인 스스로 자랑스러운 자아를 발견하도록 해야 한다. 그리고 학문과 도를 가지고, 좋은 배우자를 맞아 부부가 화목하고 부모를 공경하며 형제가 사랑으로 화합할 수 있도록 해야 한다. 마지막으로 때에 따라서 과실나무에 거름과 물을 주듯 자식에게 소낙비 같은 사랑을 주어야 한다.

또한 자식이 부모를 공경 하는 데도 다섯 가지 요건이 있다. 첫째, 받들어 봉양함에 모자람이 없도록 하고, 둘째, 자기의 할 일을 먼저 부모님에게 말씀 드리고, 셋째, 부모의 하는 일에 순종하며, 넷째, 부모의 바른 말씀을 항상 어기지 말며, 다섯째, 살아생전에 자주 뵙고 문안인사를 드려야 한다. 이는 부처님 말씀 중에 선생경에 나오는 말씀이다. 현대는 핵가족 시대다. 조부모와 떨어져 사는 일부 초등학생들이 할아버지와 할머니가 가족이 아닌 줄 알고 있다는 어처구니 없는 설문조사도 나온다.

고대로부터 효와 충은 매우 중시돼 왔다. 고향 울산은 예로부터 '효의 고장' 으로 불려 왔다. 삼국시대 때부터 전해져 내려오는 충절과 효성의 전설이 지금의 울주군 삼남면 가천리 자수정 동굴에 묻혀 있다. 당시 고을에 가난하지만 어버이를 끔찍이 봉양하는 효자가 있었다. 이 효자는 어버이가 쇄약해 기력을 잃자 고심 끝에 자신의 둔부 살점을 도려내 만든 음식으로 어버이의 건강을 회복시켜 오래도록 함께 살았다. 그후 어버이가 천수를 다하자 꿈에 부처님이 나타나 아들에게 지금의 자수정 동굴 위에 부모의 산소를 정해줬다. 효성이 지극한 아들은 꿈속 계시대로 묘를 파다가 자수정을 발견해 큰 부자가 되었다는 전설이 전해져 오고 있다.

자식은 부모의 얼굴이라고 한다. '콩 심은데 콩 나고, 팥 심은데 팥 난다' 라는 속담처럼 인간사는 심은대로 거둔다는 철학이 담겨져 있다. 자신이 저지른 일은 후에 부메랑이 되어 다시 돌아온다. 자신의 세대에 돌아오지 않으면 후손에게 대물림 되듯, 우리들은 인간사의 기본인 효로 재무장해야만 가정과 사회와 국가가 튼튼해진다는 것을 깨달아야 한다.

성경에도 '가시나무에서 포도를, 엉겅퀴에서 무화과를 따겠느냐' 고 가르치고 있듯이 효의 고장 울산에는 효성이 지극한 후손들이 살기에 초등학생들이 할아버지 할머니가 가족의 중심이라는 교훈을 잊지 않도록 현대를 살아가는 우리들은 되새김질해야 할 것이다.

세상에는 가장 어려운 일 두 가지가 있다. 하나는 은혜를 갚을 줄 아는 것이요, 다른 하나는 큰 은혜는 물론 비록 조그만 은혜라도 결코 잊지 않아야 한다는 것이다. 큰 은혜는 물론, 아주 작은 은혜라도 잊지 않고 이를 갚는데 최선을 다해야 한다고 불경에서 가르치고 있다. 자수정은 천연 탄생석으로 성실과 평화를 상징한다. 영국에서는 이 자수정이 왕의 대관식 때 반드시 머리 위로 올라간다. 울산에서도 효성에 얽힌 자수정 동굴의 정기를 받은 탓인지 국가와 민족의 훌륭한 지도자들이 많이 배출됐고, 앞으로도 효성이 용암처럼 뜨거운 지역으로 성장해 갔으면 하는 마음 간절하다.

그러기에 가족 간에 시기하거나 증오해서는 안 된다. 얼굴은 항상 온화하게 하고, 서로 멀리 떨어져 있어도 항상 걱정하는 마음을 가져야 한다. 아버지의 사랑은 무덤까지 이어지고, 어머니의 사랑은 영원까지 이어진다. 세속오계 중

효도로써 어버이를 섬기라고 한 事親以孝(사친이효)를 가슴에 새기고, 효가 국가와 사회의 근간이라는 진리를 자수정처럼 지니고 살아가야 할 것이다.

동봉 스님 홍천사 주지 · 일붕신문 사장

(그 옛날 울산토박이들은 태화강을 '태홧강' 이라고 발음합니다. 맑고 아름다웠던 그 '태홧강' 은 울산사람들에게 마음의 고향입니다. 칼럼 '태홧강' 은 울산을 떠나 다른 도시에 살면서도 가슴 한 켠에 울산을 품고 사는 사람들의 목소리를 담고 있습니다.)

출처: 경상일보 박익조기자

한국 최고의 불교수업 도량이 모여 있는 내 고향 울산에는 한반도 최초로 선불교를 들여온 도의국사가 석남사를 창건했다. 824년 신라 선덕왕 때의 업적이다. 이후 역사의 소용돌이 속에서 임진왜란 때 불에 타 소실됐지만 1666년 언양 현감 강응이 주도해 재건한 대한민국 최대의 비구니 수도처 석남사는 대한불교 조계종 15구 양산 통도사 말사이기도 하다. 실로 한국 불교계의 금자탑을 쌓아올린 내 고향 울산을 생각하면 가슴이 뛰기 시작한다.

그뿐이 아니다. 신라 선덕왕 재위 중 자장율사가 646년에 창건한 통도사는 대웅전에 불상이 없는 사찰로, 부처님의 진신 사리를 모신 곳으로, 울산 역사에 영혼의 모닥불이기도 한곳이다.

특히 청량면 율현리 산 342번지에 자리잡고 있는 문수사는 울산의 지혜가 서려있는 유명한 사찰로, 신라 27대 선덕여왕 15년 646년 자장율사가 창건한 범어사의 말사이기도 하다. 문수보살이 제자들과 함께 지금의 무거동까지 내려와서 홀연히 자취를 감추었다 하여 무거동이라는 지명과 함께 세세연년 전해져 내려온다.

우연의 일치일까? 문수보살은 대승불교에서 최고의 지혜를 인격화한 보살인데 문수보살이 제자들과 사라진 무거동에는 울산시민의 염원이었던 4년제 대학이 자리 잡고 있다. 우리들의 어린 시절에는 서울로 부산으로 유학길에 오르는 울산의 아들딸을 보면서 우리 부모님들의 간절한 소망은 울산에 대학이 설립되는 것이었다.

문수보살은 묘음보살이라고도 불리며 보현보살과 짝하여 연화대에 앉아서 오른손에 지혜의 칼을 쥐고서 중생의 번뇌를 끊어주는 보살의 대표라 할 수 있다.
문수사는 꼭 한 가지 소원을 들어주는 사찰로 널리 알려져 있다. 남존 여비 사상이 강했던 옛날에는 아들을 얻기 위해서 백일불공으로 기도하여 득남을 이루고, 특히 우리나라에서 유명한 모 재벌의 모친은 일본 간 아들이 부자 되기를 열망하는 기도를 새벽마다 올려 끝내 훌륭한 재벌로 성장시킨 소망의 절이기도 하다.

이처럼 우리들의 고향 울산에는 한국 불교계를 대표하는 도량이 자리잡고 있어 옛적부터 선비와 훌륭한 인물이 많이 배출되는 아름다운 곳이다.

필자가 어린 시절 고향 언양에서 출가하여 그리운 고향 산천, 보고싶은 부모 형제, 꿈에 본 고향친구가 새록새록 생각나면 태백산맥 심심산골 하늘위로 떠가는 하얀 구름위에 관세음 보살을 외쳐 보기도 했다. 이제는 부처님의 제자가 되어 문경새재 조령산 3관문아래 홍천사 부처님 도량에서 중생구도의 길을 나선지가 오래. 석가모니의 어린 시절 이름이 싯달타 였다고 한다. 출가를 하기전 속세의 이름이다. 싯달타는 야쇼다라 라는 이름을 가진 절세 미인의 부인을 두었고, 그 사이에는 라후라의 이름을 가진 왕자를 두었건만 인간이기에 매일 매일 파도처럼 밀려드는 허무와 무상함, 죽음을 향해 달리는 인생길은 당장 일초 앞에 어떤 일이 발생할지 알 수 없는 불안감에 살아가기에 석가는 인간 본연의 공허감을 이겨내기 위한 해탈의 경지에 입문하기 위해서 속세를 버리고 출가하였다.

중생구도의 길에서 석가는 관음을 통해 설법을 하셨다. 이 설법이 반야심경 이다. 본래 부처란 죽은 사람이나 불상이 아니며, 살아있는 사람의 진실한 인간성을 가리키는 말이다. 현대인들은 재물과 탐욕으로 매일 매일 백팔번뇌의 바다에서 허우적거리고 있지만 자기의 본 모습을 볼 수 없는 자아들이기도 하다.

대한민국 최고의 경제성장을 이루어 낸 아름다운 내 고향 울산은 반야 심경의 마음밭이었다. 그리고 천혜의 자원을 가진 자연의 선물과 부처님의 마음 밭을 끝없이 받은 풍부한 영혼의 밭을 일구어 고도 경제성장속에서 한국 최고의 극락의 마음 밭을 일구는 과제를 우리 모두의 아름다운 숙제로 받아들였으면 한다.

동봉스님 홍천사 주지 · 일붕신문 사장

(그 옛날 울산토박이들은 태화강을 '태홧강' 이라고 발음합니다. 맑고 아름다웠던 그 '태홧강' 은 울산사람들에게 마음의 고향입니다. 칼럼 '태홧강' 은 울산을 떠나 다른 도시에 살면서도 가슴 한 켠에 울산을 품고 사는 사람들의 목소리를 담고 있습니다.)

출처: 경상일보 이태철기자

동봉스님 약력

문경새재 흥천사 회주

- 1980년 신라문화 예술제 4군자 대상
- 1984년 한국예술협회 4군자 입상
- 1987년 한국예술협회 4군자 대상
- 1991년 강릉문화제 4군자 대상
- 1998년 한일 작가 교류전 봉사 작품 출전
- 1999년 한국대만 작가 교류전 대상
- 2000년 한중 작가 교류전 4군자 대상
- 1988년 한국예술협회 작가 장애자 돕기 작품전
- 1996년 장애자 불우이웃돕기 작품전
- 1997년 대구 결식아동 돕기 및 흥천사 불사작품 전시회
- 1999년 한미 작가 태극기 봉사 작품 출전
- 2002년 태풍 루사 수재민 돕기 선의 묵향전
- 2003년 미국 한인 이민 100주년 기념 문화 예술 친선초대전
- 2003년 한미동맹 50주년 한미친선 초대전 (미 해병대사령부)

- 2003년 마약퇴치기금마련 초대전 (미 LA문화원)
- 2003년 브라질 한인이민 40주년 기념
  세계빈민구제기금마련 초대전(상파울로)
- 2003년 세계평화미술대전 초대작가
- 2003년 한일 교류전 등 수십회 참가
- 2000년 재단법인 대한불교 일붕선교종 제6대총무원장
- 2000년 사단법인 한국불교종단협의회 이사
- 2000년 사단법인 한일불교 문화교류협의회 상임이사
- 2003년 전국일붕문도회 자문위원 취임
- 2004년 재단법인 대한불교 일붕선교종 제7대 총무원장
- 2001년 태국왕실국립대학원 불교명예박사 학위 취득
- 2001년 스리랑카 국립 다라마파라 다라마두타 협회 삼장
  법사 취득
- 2001년 스리랑카 자예와르 테네프라 종합대학
  명예철학박사 학위 취득
- 2003년 미국 캘리포니아 캐피탈대학 종교교육학 명예박사
  학위 취득
- 2003년 미국 상원의원 감사장 수상
- 2003년 미 해병대 사령부 감사장 수상
- 2003년 UN-NGO로부터 아카데미 평화훈장 및 평화상 수상
- 2003년 미합중국 조지 부시 대통령상 수상
- 2003년 미하원 예결위원장 감사장 수상
- 2003년 캘리포니아 캐피탈대학 총장 감사장
- 2003년 로스앤젤레스(LA)시장 표창장 수상
- 2003년 브라질 체육회로부터 감사장 수상
- 2004년 마틴 루터킹 인권평화상 수상
- 2004년 국제평화세미나 아프리카대사 협회 회장 감사장
- 2004년 국제 NGO난민 구호 및 마약퇴치 운동 작품 참여
  미국 오하이오주 콜롬보시장 감사장
- 2004년 국제 NGO난민 구호 및 기아퇴치 운동 작품전
  브라질 마토그로주 주지사감사장
- 2004년 국제평화세미나 협회회장 아프리카 대사 감사장
- 2004년 남아프리카 대사 감사장

- 2004년 미국 상원위원 감사장
- 2004년 대만대사 감사장
- 2004년 미국 부시대통령 시민 골든상 수상
- 2004년 미국 뉴욕 이라크참전용사돕기 기금조성 작품전
해병사령관 감사장
- 2004년 동남아 해일이재민 돕기 미얀마대사 감사장
- 2004년 UN코피아난 사무총장 감사장
- 2005년 양양 화재 이재민 돕기 작품전,
대통령 모범시민상 수상
- 2005년 호주 우주평화 환경운동기금마련 작품전
호주시장 표창장, 호주 연방위원 표창장
- 2005년 LA 한국의 날 축제 초정 작품전
LA시장표창장, 미국 상임위원 표창장
- 2005년 미국 LA 한인축제 승려 최초로 시민 카퍼레이드
- 2005년 호주 연방위원 감사장
- 2006년 LA시장 감사장
- 2006년 한국문화예술교류단 최초공로 표창장
- 2006년 불교문화부문 인천시장 표창장
- 2006년 미합중국의장 사회봉사 표창장
- 2006년 서울특별시 시의회 사회봉사 표창장
- 2006년 통일부장관 사회봉사 표창장 및 훈장
- 2007년 LA칼슨시장 표창장
- 1992년 (현) 문경새재 홍천사 회주
- 2000년 (현) 한국예술협회 4군자 심사위원
(현) 한중 작가 4군자 심사위원
- 2003년 법왕청 신문사 부회장
- 2003년 노인복지신문사 사장
- 2003년 UN본부방문 세계평화학술세미나 한국 단장
- 2003년 (현) 재단법인 세계불교법왕청 평화재단 최고위원
- 2003년 (현) 사단법인 한국노인복지봉사회 부회장
- 2003년 (현) 사단법인 세계평화미술대전 조직 위원회 부회장
- 2003년 (현) IAEWP, UN-NGO로부터 평화대사위촉

- 2004년 국정자문위원
- 2005년 미국 오하이오주 콜롬버스시 명예시민권
- 2007년 (현) 대한불교원로지도자 연합회 이사
- 2007년 (현) 한국호국국사 자문위원
- 2007년 한나라당 제17대 대통령 선거 대책위원회 불교특보
- 2008년 제17대 이명박 대통령 감사장
- 2009년 아리랑 문화예술원 총재
- 2009년 (현) 한국심령과학연구회 명예총재
- 2009년 (현) 백두대간 민족정기 살리기 명예총재
- 2009년 한민족 사랑 문화인협회대회 위원장
- 2009년 육조대사 봉행위원회 부대회장
- 2009년 중국 육조사로부터 최초 법맥건당(대선사)
- 2009년 제1회 나옹선사 천복天福문화예술제 대회장(법주)
- 2010년 (현)일봉신문사 사장 취임
- 2010년 (현)세계 선불교 한국대표
- 2011년 (현)아시아불교 연합 한국본부장

인생은 행복을 찾아 길 떠나는 나그네

인쇄 2012년 8월 6일
발행 2012년 8월 14일

지은이 동 봉

펴낸곳 도서출판 엠에드
주소 100-015 서울시 중구 충무로 4가 131-6
전화 02-2267-8724
팩스 02-2267-8705
이메일 kukil267@hanmail.net